필수 항공 일본어

필수 항공 일본어

초판 1쇄 인쇄 2012년 04월 20일
초판 1쇄 발행 2012년 04월 27일

지은이 | 최 진 주
펴낸이 | 손 형 국
펴낸곳 | (주)에세이퍼블리싱
출판등록 | 2004. 12. 1(제2011-77호)
주소 | 서울시 금천구 가산동 371-28 우림라이온스밸리 C동 101호
홈페이지 | www.book.co.kr
전화번호 | (02)2026-5777
팩스 | (02)2026-5747

ISBN 978-89-6023-792-6   13730

승무원을 꿈꾸는 젊은이라면
꼭 알아야 할 일본어 문법 및 기내 회화

필수
항공 일본어

최 진 주 지음
에세이 작가 총서 417

ESSAY

차례

Chapter 5

기내 방송문 · 103

Chapter 1 일본어 기본 문법

STEP 01 일본어의 문자

STEP 02 기본 문법

STEP 01

일본어의 문자

1 히라가나와 가타카나

1) 히라가나 (ひらがな)

한자의 초서체를 본떠서 만든 글자이다. 현대 일본어에서 주로 사용되고 있다.

(예) あさ 아침   ひと 사람

2) 가타카나 (カタカナ)

한자의 일부분을 따서 만든 글자로 주로 외래어나 의성어 등을 표기할 때 사용된다.

(예) テレビ 텔레비전   ラジオ 라디오

2 한자

한자는 음으로 읽는 음독(音讀)과 뜻으로 읽는 훈독(訓讀)이 있다.

1) 음독 (音讀)

음독은 한자를 중국식 발음에 가깝게 읽는 것이다.

(예) 上下(じょうげ)상하   前後(ぜんご)전후

2) 훈독 (訓讀)

훈독은 한자가 가지고 있는 뜻으로 읽는 것이며 주로 한자를 한 글자씩 읽는 경우에 사용된다.

(예) 上 (うえ)위   下 (した)아래

3 오십음도(五十音図)

행＼단	あ단	い단	う단	え단	お단
あ행	あ ア	い イ	う ウ	え エ	お オ
か행	か カ	き キ	く ク	け ケ	こ コ
さ행	さ サ	し シ	す ス	せ セ	そ ソ
た행	た タ	ち チ	つ ツ	て テ	と ト
な행	な ナ	に ニ	ぬ ヌ	ね ネ	の ノ
は행	は ハ	ひ ヒ	ふ フ	へ ヘ	ほ ホ
ま행	ま マ	み ミ	む ム	め メ	も モ
や행	や ヤ		ゆ ユ		よ ヨ
ら행	ら ラ	り リ	る ル	れ レ	ろ ロ
わ행	わ ワ				を ヲ
ん	ん ン				

1 동사

1) ある (있다)

동사 ある는 무생물의 존재를 나타낼 때 사용되는 기본형이며, 공손한 표현은 あります(있습니다)이다. ある의 부정형은 ない(없다)이고 あります의 부정은 ありません(없습니다)이다.

ごこに	ペンが	ある。	여기에 펜이 있다.
ごこに	ペンが	あります。	여기에 펜이 있습니다.
ごこに	ペンが	ない。	여기에 펜이 없다.
ごこに	ペンが	ありません。	여기에 펜이 없습니다.

2) いる (있다)

동사 いる 역시 '있다'의 뜻으로 생물의 존재를 나타낼 때 사용된다. いる의 부정형은 いない(없다)이고 공손한 표현은 います(있습니다)이며, います의 부정형은 いません(없습니다)이다.

彼は	うちに	いる。	그는 집에 있다.
彼は	うちに	います。	그는 집에 있습니다.
彼は	うちに	いない。	그는 집에 없다.
彼は	うちに	いません。	그는 집에 없습니다.

2 조사

1) は (은, 는)

は는 보통 'ha'로 발음되지만 조사 '은', '는'으로 쓰일 때는 'wa'로 발음된다.

(예) へやは　どこですか。 방은 어디입니까?

2) が (이, 가)

조사 が는 '이', '가'의 뜻을 나타낸다.

> (예) 雨が　ふる。 비가 내린다.

3) も(도)

も는 '도' 로 해석한다.

> (예) かれも　きます。 그도 옵니다.

4) へ(에)

へ가 조사로 사용될 때는 'e'로 읽으며 방향을 나타낸다.

> (예) 会社へ　いく。 회사에 가다.

5) を(을, 를)

조사 を는 목적을 나타낸다.

> (예) 本を　かう。책을 사다.

6) から(-에서, -부터)

조사 から는 시간이나 장소의 기점을 나타낸다.

> (예) 韓国から　きました。한국에서 왔습니다.
>
> 会議は　4時からです。회의는 4시부터입니다.

7) か(-까?)

조사 か는 문장의 제일 끝에 붙어서 의문문을 만든다. 일본에서는 의문문일 경우에 '?'표시는 하지 않는다.

> (예) これは　なんですか。이것은 무엇입니까?

8) に(-에)

조사 に는 장소와 시간 등을 나타내는 의미가 있다.

> (예)　彼女は　本屋に　います。그녀는 책방에 있습니다.
>
> 　　　3時に　会います。3시에 만납시다.

9) で(-에서, -로)

조사 で는 장소와 수단, 방법 등을 나타낸다.

> (예)　庭に　遊ぶ。정원에서 놀다.
>
> 　　　バスで　きました。버스로 왔습니다.

10) の(-의, -의 것)

조사 の는 주로 명사와 명사 사이에서 사용하며 소유와 동격을 나타낸다. 소유를 나타낼 때는 (-의)로 해석하고 동격을 나타낼 때는 (-인)으로 해석한다. 소유와 동격 외로 사용되는 경우에는 해석할 때 (-의)를 생략할 수 있다.

> (예) 私の　かばん。나의 가방.
>
> 　　　友だちの　中村さん。친구인 나타무라 씨.
>
> 　　　日本語の　先生。일본어 선생님.

11) と(-와,-과)

> (예) 友だちと　きます。 친구와 옵니다.
>
> 　　　彼と　彼女。 그와 그녀.

3 조동사

1) ます(입니다)

동사의 기본형을 ます형태로 바꾸어 공손의 의미를 나타내며
ます의 과거형은 ました이다.

行く (가다) - 行きます 갑니다　　行きました 갔습니다
書く (쓰다) - 書きます 씁니다　　書きました 썼습니다
読む (읽다) - 読みます 읽습니다　読みました 읽었습니다
話す (말하다) - 話します 말합니다　話しました 말했습니다
する (하다) - します　 합니다　　しました　 했습니다

2) です(입니다)

조동사です는 명사와 형용사에 붙여서 사용하며 공손의 의미를
나타내며 과거형은 でした이다.

* 명사에 붙여서 사용될 때

日本人です　　　일본인입니다.
日本人でした。　일본인이었습니다.
乗務員です　　　승무원입니다.
乗務員でした　　승무원이었습니다.

* 형용사에 붙어서 사용될 때는 でした가 아니라 かったです이다.

高い 비싸다　　高いです 비쌉니다　　高かったで　비쌌습니다

安い 싸다　　　安いです 쌉니다　　　安かったです 쌌습니다

4　형용사

형용사는 사물의 성질과 상태를 나타내며 활용어미가 い로 끝난다.

重い 무겁다　おもしろい 재미있다　赤い 빨갛다　青い　파랗다

黒い 검다　白い　　　 하얗다　寒い 춥다　暖かい 따뜻하다

5　형용동사

형용사처럼 사물의 성질과 상태를 나타내며 활용어미가 だ로 끝난다.

> (예)　静かだ 조용하다
>
> 　　きれいだ 예쁘다, 깨끗하다

6 인칭대명사

1인칭- わたし(나)와 わたしく(저)

2인칭- あなた(당신)

3인칭- 彼(그)와 彼女(그녀)

7 지시대명사

☑ 사물을 나타낼 때

これ이것   それ그것   あれ저것   どれ어느 것

☑ 장소를 나타낼 때

ここ여기   そこ거기   あそこ저기   どこ어디

* これは   ~ですか   '이것은 ~입니까'에 대한 대답은

  それは   ~です   '그것은 ~입니다'이다

* それは   ~ですか에 대한 대답은

  これは~です이다

* あれは~ですか에 대한 대답은

  あれは~です이다

Chapter 2 　일본어 기본 표현

はい、そうです。

네, 그렇습니다.

いいえ、そうでは　ありません。

아니오, 그렇지 않습니다.

少し　ください。

조금 주세요.

だくさん　ください。

많이 주세요.

わかりました。

알겠습니다.

かしこまりました。

알겠습니다.

わかりません。

모르겠습니다.

わかりませんでした。

몰랐습니다.

ありがとうございます。

감사합니다.

どういたしまして。

천만에요.

日本人ですか。

일본인입니까?

韓国人です。

한국인입니다.

ゆっくり　言って　ください。

천천히 말씀해 주십시오.

もう　一度　言って　ください。

한 번 더 말씀해 주십시오.

ここに　書いて　ください。

여기에 적어 주십시오.

トイレは　どこですか。

화장실은 어디입니까?

お手洗いは　どちらですか。

화장실은 어느 쪽입니까?

今　何時ですか。

지금 몇 시입니까?

いくらですか。

얼마입니까?

あついです。

뜨겁습니다.

これは　いかがですか。

이것은 어떠십니까?

どうしてですか。

왜 그렇습니까?

雨が　降って　います。

비가 오고 있습니다.

雪が　降って　います。

눈이 오고 있습니다.

いい　お天気です。

좋은 날씨입니다.

いつですか。

언제입니까?

いくつですか。

몇 개 입니까?

田中さま、いらっしゃいますか。

다나카 씨, 계십니까?

おはようございます。

안녕하세요.(아침인사)

こんにちは。

안녕하세요.(점심인사)

こんばんは。

안녕하세요.(저녁인사)

いらっしゃいませ。

어서 오십시오.

ごりようくださいまして　ありがとうございます。

이용해주셔서 감사합니다.

すみません。

죄송합니다.

もうしわけございません。

죄송합니다.

たいへん　もうしわけございません。

대단히 죄송합니다.

しつれいいたします。

실례합니다.

しつれいいたしました。

실례했습니다.

しょうしょう　おまちくださいませ。

잠시 기다려주십시오.

しばらく　おまちくださいませ。

잠시 기다려주십시오.

すぐ　おもちいたします。

곧 가져오겠습니다.

およびでしょうか。

부르셨습니까?

おてつだいいたします。

도와드리겠습니다.

おてつだいいたしましょうか。

도와드릴까요?

ごようのさいは　ごえんりょなく　おしらせください。

필요하신 것이 있으시면 주저 마시고 불러주십시오.

どうぞ　ごゆっくり　おくつろぎください。

부디 천천히 즐기십시오.

おまたせいたしました。

오래 기다리셨습니다.

Chapter 3 유용한 단어

ぎゅうにく (ビーフ)	쇠고기
ぶたにく	돼지고기
とりにく	닭고기
かもにく	오리고기
ごはん	밥
そば	메밀국수
のりまき	김밥
のり	김
ケーキ	케이크
ステーキ	스테이크

おしお	소금
こしょう	후추
おさとう	설탕
うめぼし	매실장아찌
デザート	디저트
おつまみ	땅콩 등의 안주
おかゆ	죽
しょうゆ	간장
ごまあぶら	참기름
パン	빵

かいさんぶつ	해산물
さかな	생선
さば	고등어
ます	송어
たら	대구
さけ	연어
まぐろ	참치
えび	새우
すずき	농어
ひらめ	광어

うなぎ	장어
いか	오징어
たこ	문어
かいばしら	조개관자
わかめ	미역
さしみ	생선회
すし	초밥

やさい	야채
じゃがいも	감자
さつまいも	고구마
にんじん	당근
にんにく	마늘
ねぎ	파
たまねぎ	양파
はくさい	배추

おのみもの	음료수
ジュ-ス	주스
コーヒ-	커피
おちゃ	차, 녹차
こうちゃ	홍차
にんじんちゃ	인삼차
なつめちゃ	대추차
おさけ	술
ビール	맥주
ウイスキ-	위스키

ワイン	와인
あかワイン	레드와인
しろワイン	화이트와인
おみず	물
こおり	얼음
コーラ	콜라
サイダ-	사이다

くだもの	과일
りんご	사과
ぶどう	포도
なし	배
みかん	귤
もも	복숭아
すもも	자두
すいか	수박
いちご	딸기

ひこうき	비행기
きない	기내
おざせき	좌석
おてあらい	화장실
シ-ト　ベルト	좌석벨트
まど	창
つうろ	통로
テ-ブル	테이블
ひじかけ	팔걸이
あしおき	발 받침대

ひじょうぐち	비상구
たな	선반
かいだん	계단
にかい	2층

くうこう	공항
じょうむいん	승무원
きちょう	기장
おしょくじ	식사
あんぜん	안전
おにもつ	짐
とうじょう	탑승
とうじょうけん	탑승권
りりく	이륙
ちゃくりく	착륙

りちゃくりく	이착륙
おきゃくさん	손님
まんせき	만석
くうせき	공석
えいが	영화
われもの	깨지는 물건
でんかせいひん	전자제품
けいたいでんわ	휴대전화
でんげん	전원
おたばこ	담배
おしぼり	물수건
にゅうこく　カ-ド	입국카드
ぜいかんしんこくしょ	세관신고서

きちょうひん	귀중품
ごちゅうもん	주문
めんぜいひん	면세품
はんばい	판매
ちゅうもんしょ	주문서
よやくちゅうもん	예약주문
しなぎれ	품절
おなまえ	성함
パスポ-ト	여권
ごまかいおかね	잔돈
おつり	거스름돈
しんぶん	신문
かんこく	한국

かんこくご	한국어
かんこくじん	한국인
にほん	일본
にほんご	일본어
にほんじん	일본인
りょこう	여행
じかん	시간
しゅっぱつ	출발
とうちゃく	도착
いしゃ	의사
ばんごう	번호
しょくいん	직원
くすり	약

サイン	사인
きりゅう	기류
きんし	금지
じょせい	여성
だんせい	남성
あんない	안내
ひつよう	필요
きけん	위험
ごぜん	오전
ごご	오후
かくにん	확인
えきたい	액체
もうふ	담요
まくら	베개

Chapter 4 **상황별 표현**

いらっしゃいませ。

어서오십시오.

ご搭乗　ありがとうございます。

탑승해주셔서 감사합니다.

ご搭乗券を　おみせくださいませ。

탑승권을 보여주십시오.

ご案内いたします。

안내해 드리겠습니다.

お座席は　何番でございますか。

좌석은 몇 번이십니까?

10の Aでございますね。

10A이시군요.

こちらへどうぞ。

이쪽입니다.

あちらへどうぞ。

저쪽입니다.

左でございます。

왼쪽입니다.

右でございます。

오른쪽입니다.

窓側でございます。

창가 쪽입니다.

通路側でございます。

통로 쪽입니다.

後ろでございます。

뒤쪽입니다.

前でございます。

앞쪽입니다.

２階でございます。

2층입니다.

お手洗いは うしろにございます。

화장실은 뒤쪽에 있습니다.

もうしわけございませんが　今日は　満席でございます。

죄송합니다만 오늘은 만석입니다.

もうしわけございませんが 空席が　ございません。

죄송합니다만 빈 좌석이 없습니다.

搭乗 (とうじょう) 탑승

搭乗券 (とうじょうけん) 탑승권

左 (ひだり) 왼쪽

右 (みぎ) 오른쪽

窓側 (まどがわ) 창 측

通路側 (つうろがわ) 통로 측

後ろ (うしろ) 뒤

前 (まえ) 앞

階 (かい) 층

お手洗い (おてあらい) 화장실

今日 (きょう) 오늘

満席 (まんせき) 만석

空席 (くうせき) 빈 좌석

1. ～でございます。(~입니다)

~でございます는 ~です의 정중한 표현이다.

(예) 後ろです。⇨ 後ろでございます。 뒤쪽입니다.

　　満席です。⇨ 満席でございます。 만석입니다.

2. お、ご (존경의 접두어)

お、ご는 명사나 동사 앞에 붙여 공손, 존경의 의미를 나타낸다.

お+순수 일본어 : お手紙 (편지),   お部屋 (방)

ご＋중국 한자어 : ご搭乗 (탑승),   ご家族 (가족)

1. 어서 오십시오.

2. 탑승권을 보여 주십시오.

3. 이 쪽입니다.

4. 저 쪽입니다.

5. 뒤 쪽입니다.

6. 화장실은 뒤 쪽에 있습니다.

およびでしょうか。

부르셨습니까?

おてつだいいたします。

도와드리겠습니다.

おてつだいいたしましょうか。

도와드릴까요?

コートを　おかけいたしましょうか。

코트를 걸어드릴까요?

おあずかりいたしましょうか。

보관해 드릴까요?

おあずかりいたします。

보관해 드리겠습니다.

お荷物は　上に　おいれくださいませ。

짐은 위쪽에 넣어주십시오.

お荷物を　上に　おいれいたしましょうか。

짐을 위쪽에 넣어 드릴까요?

こちらは　どなた様のですか。

이쪽은 어느 분이십니까?

お客様の　お荷物ですか。

손님의 짐입니까?

お客様のですか。

손님의 것입니까?

こちらは　非常口ですので　開けないように　ご注意ください。

이쪽은 비상구이므로 열지 않도록 주의해 주십시오.

おそれいりますが　ごちらは　非常口ですので　お荷物
は　お座席の　上の　たなに　おいれくださいませ。

죄송합니다만 이쪽은 비상구이므로 짐은 머리 위 선반에 넣어주십시오.

お酒でしょうか。

술이십니까?

われものでしょうか。

깨지는 물건이십니까?

われものは　お座席きの　下に　おいてください。

깨지는 물건은 좌석 밑에 놓아주십시오.

貴重品などは　ございませんか。

귀중품은 없으십니까?

呼ぶ (よぶ) 부르다

手伝う (てつだう) 돕다

非常口 (ひじょうくち) 비상구

割れ物 (われもの) 깨지는 물건

貴重品 (きちょうひん) 귀중품

문법

1. お/ご～ください (~해 주십시오)

お/ご+동사의 ます형 +ください는 존경의 뜻을 나타내는 정중한
표현이다.

(예)　少々　お待ちください。　잠시 기다려 주십시오.

　　　お座りください。　앉아 주십시오.

---

2. お/ご~する/いたす (~해 드리겠습니다)

お/ご+동사의 ます형+する/いたす 는 '~해 드리겠다'는 겸양의 뜻을
나타낸다.

(예) ご案内いたします。안내해 드리겠습니다.

お持ちいたします。들어 드리겠습니다.

1. 부르셨습니까?

2. 도와 드리겠습니다.

3. 짐은 위 쪽에 넣어 주십시오.

4. 손님의 짐입니까?

5. 깨지는 물건은 좌석 밑에 놓아 주십시오.

6. 귀중품은 없으십니까?

まもなく　りりくいたします。

곧 이륙하겠습니다.

ご安全のため　お座席に　おすわりくださいませ。

안전을 위해 좌석에 앉아주십시오.

お座席のせを　もとの位置に　おもどしください。

좌석 등받이를 제 위치로 해 주십시오.

あしおきを　もとの位置に　おもどしください。

발 받침을 제 위치로 해 주십시오.

シ-ト　ベルトを　おしめください。

좌석 벨트를 매 주십시오.

窓を　おあけください。

창문을 열어 주십시오.

テーブルを　もとの位置に　おもどしください。

테이블을 제 위치로 해 주십시오.

電源を　おきりください。

전원을 꺼 주십시오.

携帯電話の　電源を　おきりください。

휴대전화의 전원을 꺼 주십시오.

まず　お母さんが　　ベルトを　しめて　お子さんを
だっこしてください。

먼저 어머니가 벨트를 매시고 자녀분을 안아 주십시오.

離陸 (りりく) 이룩

安全 (あんぜん) 안전

位置 (いち) 위치

電源 (でんげん) 전원

携帯電話 (けいたいでんわ) 휴대전화

문법

1. お+동사의 ます형+です (~하십니다)

상대방의 행위를 높이는 뜻으로 사용된다.

> (예)　お待ちです。기다리십니다.
>
> 　　お休みです。쉬십니다.

2. 〜たい (~하고 싶다)

동사의 ます형+たい 는 '~하고 싶다'는 뜻을 나타낸다.

(예) 食べたい。먹고 싶다

   飲みたい。마시고 싶다.

   見たい。보고 싶다.

1. 좌석에 앉아 주십시오.

2. 좌석 등받이를 제 자리로 해 주십시오.

3. 좌석 벨트를 매 주십시오.

4. 창문을 열어 주십시오.

5. 테이블을 제 위치로 해 주십시오.

6. 휴대전화의 전원을 꺼 주십시오.

서류 서비스

書類は　お持ちでしょうか。

서류는 가지고 계십니까?

入国　カ-ド　でございます。

입국 서류입니다.

税関申告書　でございます。

세관신고서입니다.

書類の　ごきにゅうは　おすみですか。

서류 작성은 끝나셨습니까?

書類は　おかきに　なりましたか。

서류는 작성하셨습니까?

ご確認　いたしましょうか。

확인 해드릴까요?

お一人さま　一枚ずつ　おかきください。

한 분당 한 장씩 작성해주십시오.

ご家族　あたり　一枚　おかきください。

가족 당 한 장을 작성해주십시오.

こちらに　お名前と　お住まいを　おかきください。

이쪽에 성함과 주소를 적어주십시오.

申告する物が　なければ　かかなくてもいいです。

신고할 물건이 없으면 작성하지 않으셔도 됩니다.

申告する物が　なくても　おかきください。

신고할 물건이 없으셔도 작성해 주십시오.

書類 (しょるい) 서류

税関申告書 (ぜいかんしんこくしよ) 세관신고서

記入 (きにゅう) 기입

確認 (かくにん) 확인

住まい (すまい) 주소

1. 〜て(で)も いいです (~해도 좋습니다)

'~해도 좋습니다' 라는 허가의 의미를 나타낸다.

> (예) 入っても　いいです。 들어가도 좋습니다.
>
> 座ってもいいです。 앉아도 됩니다.

2. ~て(で)は いけません。 (~해서는 안 됩니다)

'~해서는 안 된다'는 금지의 뜻을 나타낸다.

(예) 飲んでは　いけません。 마시면 안 됩니다.

座っては　いけません。 앉으면 안 됩니다.

연습문제

1. 입국 서류입니다.

2. 세관 신고서입니다.

3. 한 분당 한 장씩 작성해 주십시오.

4. 가족 당 한 장씩 작성해 주십시오.

5. 신고할 물건이 없으면 작성하지 않으셔도 됩니다.

6. 신고할 물건이 없어도 작성해 주십시오.

お飲み物は　いかがでしょうか。

음료는 어떠십니까?

お飲み物は　なにに　なさいますか。

음료는 무엇으로 하시겠습니까?

ワインは　いかがですか。

와인은 어떠십니까?

RED WINEと WHITE WINEが　ございます。

레드 와인과 화이트 와인이 있습니다.

ほかの　お飲み物は　いかがですか。

다른 음료는 어떠십니까?

もうしわけございませんが　〇〇はございません。

죄송합니다만 〇〇는 없습니다.

かわりに　〇〇はいかがでしょうか。

대신 〇〇는 어떠십니까?

おまたせいたしました。

오래 기다리셨습니다.

もう　いっぱい　いかがですか。

한 잔 더 어떠십니까?

コ-ヒ-は　いかがですか。

커피는 어떠십니까?

お茶は　いかがですか。

녹차는 어떠십니까?

紅茶は　いかがですか。

홍차는 어떠십니까?

あついですので　お気をつけください。

뜨거우므로 조심하십시오.

コ-ヒ-カップを　上に　おのせください。

커피잔을 위에 올려주십시오.

さとうと　クリ-ムは　いかがですか。

설탕과 크림은 어떠십니까?

お茶は　他の　乗務員が　サ-ビスしておりますので
しょうしょうお待ちください。

녹차는 다른 승무원이 서비스하고 있으므로 잠시만 기다려 주십시오.

단어

飲み物 (のみもの) 마실 것

代わり (かわり) 대신

紅茶 (こうちゃ) 홍차

砂糖 (さとう) 설탕

1. ～ば (~하면)

동사 어미를 'エ'단으로 바꾸고 'ば'를 붙이면 ~하면'이라는 가정의
뜻을 나타낼 수 있다.

> (예) 行けば 가면
>
>   飲めば 마시면
>
>   あれば 있으면

2. けっこうです

けっこうです는 거부와 허가, 두 가지의 뜻을 지닌다.

> (예) 座っても　いいですか。 앉아도 됩니까?
>
>   はい、けっこうです。 네, 됩니다. (괜찮습니다.)
>
>   お飲み物は　いかがですか。 음료는 어떠십니까?
>
>   いいえ、けっこうです。 아니오, 됐습니다.

1. 음료는 무엇으로 하시겠습니까?

2. 다른 음료는 어떠십니까?

3. 죄송합니다만 OO은 없습니다.

4. 뜨거우므로 조심하십시오.

5. 설탕과 크림은 어떠십니까?

6. 녹차는 다른 승무원이 서비스하고 있으므로 잠시 기다려 주십시오.

おしぼりで　ございます。

물수건입니다.

あついです。

뜨겁습니다.

お気を　つけください。

조심하십시오.

OO,OO　が　ございます。

OO,OO이 있습니다.

何に　なさいますか。

무엇으로 하시겠습니까?

かしこまりました。

알겠습니다.

OOを ご用意いたします。

OO을 준비해 드리겠습니다.

テーブルを　おひらき　ください。

테이블을 열어 주십시오.

お食事中には　お座席の　背を　もとの　位置に　お
もどしください。

식사 중에는 좌석 등받이를 원래의 위치로 놓아 주십시오.

もうしわけございませんが　OOは　すべて　でてしまい
ました。

대단히 죄송합니다만 OO은 전부 떨어졌습니다.

もう　ございませんが　OOでも　よろしいでしょうか。

더 없습니다만 OO이라도 괜찮으시겠습니까?

ご迷惑を　おかげまして　もうしわけございません。

불편을 끼쳐 대단히 죄송합니다.

どうぞ　ごゆっくり。

맛있게 드십시오.

お食事は　おすみで　ございますか。

식사는 끝나셨습니까?

お食事は　いかがでしたか。

식사는 어떠셨습니까?

おさげしても　よろしいでしょうか。

치워도 괜찮겠습니까?

後で　おさげいたしましょうか。

나중에 치워 드릴까요?

後で　おさげいたします。

나중에 치워 드리겠습니다.

おさげいたします。

치워 드리겠습니다.

お絞り (おしぼり) 물수건

用意 (ようい) 준비

迷惑 (めいわく) 불편, 폐

後で (あとで) 나중에

1. 달 읽는 법

1月 いちがつ	2月 にがつ	3月 さんがつ	4月 しがつ
5月 ごがつ	6月 ろくがつ	7月 しちがつ	8月 はちがつ
9月 くがつ	10月 じゅうがつ	11月 じゅういちがつ	12月 じゅうにがつ

2. 요일 읽는 법

月曜日	げつようび	월요일
火曜日	かようび	화요일
水曜日	すいようび	수요일
木曜日	もくようび	목요일
金曜日	きんようび	금요일
土曜日	どようび	토요일
日曜日	にちじようび	일요일

연습문제

1. 무엇으로 하시겠습니까?

2. 테이블을 열어 주십시오.

3. 식사 중에는 등받이를 원래 위치로 놓아 주십시오.

4. 맛있게 드십시오.

5. 식사는 끝나셨습니까?

6. 치워도 괜찮겠습니까?

STEP 07

면세품 판매

免税品を　販売して　おります。

면세품을 판매하고 있습니다.

免税品の　ご注文は　ございますか。

면세품 주문 있으십니까?

おしはらいの　つうかは　なにに　なさいますか。

지불 방법은 어떻게 하시겠습니까?

もし　細かい　お金　お持ちでしょうか。

혹시 잔돈 가지고 계십니까?

免税品を　ご確認してください。

면세품을 확인해 주십시오.

サイン　おねがいします。

사인 부탁드립니다.

全部で　〇〇¥になります。

전부 〇〇¥이 되겠습니다.

もうしわけございませんが　〇〇は　品切れでございます。

죄송합니다만 〇〇은 품절입니다.

もうしわけございませんが　〇〇は　もう　ございません。

죄송합니다만 〇〇은 더 없습니다.

おたばこは　ございません。

담배는 없습니다.

おたばこは　販売して　おりません。

담배는 판매하고 있지 않습니다.

ほかの　品物は　いかがでしょうか。

다른 물건은 어떠십니까?

すぐ　おつりを　お持ちいたしますので　少々　お待ち
ください。

곧 거스름돈을 가져다 드리겠으니 잠시 기다려 주십시오.

日本¥で　ございますか。

일본 엔이십니까?

韓国Wで　ございますか。

한국 원이십니까?

ドールで　ございますか。

달러이십니까?

クレジットカードも　おつかいいただけます。

크레디트 카드도 사용하실 수 있습니다.

お金は　あとばらいで　ございます。

후불입니다.

お酒は　いっぽんまで　免税でございます。

술은 한 병까지 면세입니다.

ほかに　必要な　物は　ございませんか。

다른 필요한 물건은 없으십니까?

化粧品は　この　ページを　ごらんください。

화장품은 이 페이지를 봐 주십시오.

こちらは　宅配　専用　品物でございます。

이쪽은 택배 전용 물건입니다.

こちらは　予約注文　専用でございます。

이쪽은 예약주문 전용입니다.

まもなく　着陸いたしますので　免税品の　販売は
おわりました。

곧 착륙하므로 면세품 판매는 끝났습니다.

免税品 (めんぜいひん) 면세품

販売 (はんばい) 판매

支払い (しはらい) 지불

細かい　お金 (こまかい　おかね) 작은 단위의 돈

品切れ (しなきれ) 품절

おつり (おつり) 거스름돈

後払い (あとばらい) 후불

化粧品 (けしょうひん) 화장품

宅配 (たくはい) 택배

専用 (せんよう) 전용

予約 (よやく) 예약

注文 (ちゅうもん) 주문

1. ～が　できます (~을 할 수 있다)

조사 'が 는 '을, 를'로 해석한다.

(예) 日本語が　できます。 일본어를 할 수 있습니다.

　　　運転が　できます。 운전을 할 수 있습니다.

2. 동사의 과거형 (た)　ことが　あります。 (~한 적이 있습니다)

(예) 韓国へ　行ったことが　あります。 한국에 간 적이 있습니다.

　　食べたごとが　ありますか。 먹은 적이 있습니까?

　　飛行機に　乗ったことが　ありません。

　　비행기를 탄 적이 없습니다.

연습문제

1. 면세품을 판매하고 있습니다.

2. 면세품을 확인해 주십시오.

3. 확인 부탁드립니다.

4. 죄송합니다만 OO은 품절입니다.

5. 후불입니다.

6. 곧 착륙하므로 면세품 판매는 끝났습니다.

お食事の 後に 映画を 上映いたします。

식사 후에 영화를 상영하겠습니다.

まもなく 映画が はじまります。

곧 영화가 시작됩니다.

今日は 映画の 上映が ございません。

오늘은 영화 상영이 없습니다.

この 区間では 映画が ございません。

이 구간에서는 영화가 없습니다.

飛行時間が 短いですので 映画の 上映が ござい
ません。

비행시간이 짧아서 영화 상영이 없습니다.

かわりに　短編映画を　上映いたします。

대신 단편 영화를 상영하겠습니다.

かわりに　ニュースを　上映いたします。

대신 뉴스를 상영하겠습니다.

チャンネル　2番でございます。

채널 2번입니다.

英語は　チャンネル　1番に　おあわせください。

영어는 채널 1번에 맞춰 주십시오.

日本語で　字幕が　出ます。

일본어로 자막이 나갑니다.

まず　KBS NEWSを　そのあと　MBC NEWSを　上映
いたします。

먼저 KBS NEWS를, 그 후에 MBC NEWS를 상영하겠습니다.

昨日の　ニュースでございます。

어제 뉴스입니다.

映画 (えいが) 영화

上映 (じょうえい) 상영

区間 (くかん) 구간

短編 (たんぺん) 단편

番 (ばん) 번

字幕 (じまく) 자막

まず 먼저

昨日 (きのう) 어제

1 いち	2 に	3 さん	4 し、よん
5 ご	6 ろく	7 しち、なな	8 はち
9 く、きゅう	10 じゅう	11 じゅういち	12 じゅうに
13 じゅうさん	14 じゅうよん	15 じゅうご	16 じゅうろく
17 じゅうしち じゅうなな	18 じゅうはち	19 じゅうきゅう じゅうく	20 にじゅう
30 さんじゅう	40 よんじゅう	50 ごじゅう	60 ろくじゅう
70 ななじゅう しちじゅう	80 はちじゅう	90 きゅうじゅう	100 ひゃく
200 にひゃく	300 さんびゃく	400 よんひゃく	500 ごひゃく
600 ろっぴゃく	700 ななひゃく	800 はっぴゃく	900 きゅうひゃく
1000 せん	2000 にせん	3000 さんぜん	4000 よんせん
5000 ごせん	10000 いちまん	20000 にまん	30000 さんまん

1. 곧 영화가 시작됩니다.

2. 이 구간에서는 영화가 없습니다.

3. 뉴스를 상영하겠습니다.

4. 채널 2번입니다.

5. 일본어로 자막이 나갑니다.

6. 어제 뉴스입니다.

STEP 09

비행 중 승객 응대

機内で　喫煙は　禁止されております。

기내에서 흡연은 금지되어 있습니다.

おたばこは　お控えください。

담배는 삼가 해 주십시오.

お手洗いは　今　使用中ですので　少々　お待ちください。

화장실은 지금 사용 중이므로 잠시 기다려 주십시오.

お手洗いは　男女　共用です。

화장실은 남녀 공용입니다.

液体の　搬入は　禁止されております。

액체 반입은 금지되어 있습니다.

到着まで　1時間　ございます。

도착까지 1시간 남았습니다.

飛行時間は　2時間でございます。

비행시간은 2시간입니다.

飛行時間は　1時間を　予定しております。

비행시간은 1시간으로 예상하고 있습니다.

どうぞ、お楽しみくださいませ。

모쪼록 즐거운 시간 보내십시오.

お客様の　なかに　OOさま　いらっしゃいましたら
乗務員に　おしらせください。

손님 중에 OO 씨 계시면 승무원에게 말씀해 주십시오.

到着が　遅れるかも　知れません。

도착이 늦어질 지도 모릅니다.

到着が　おくれております。

도착이 늦어지고 있습니다.

さむかったら　温度を　調節いたします。

추우시면 온도를 조절해 드리겠습니다.

時間が　すこし　かかりますので　もうふでも　お持ち
いたしましょうか。

시간이 조금 걸리므로 담요라도 가져다 드릴까요?

あつい　お茶でも　お持ちいたしましょうか。

뜨거운 차라도 가져다 드릴까요?

韓国は　今日　いい　お天気でございます。

한국은 오늘 좋은 날씨입니다.

雨が　ふって　います。

비가 오고 있습니다.

雪が　ふって　います。

눈이 오고 있습니다.

天気予報に　よると　曇りだそうです。

기상 예보에 따르면 흐리다고 합니다.

機長に　よると　雨が　降るそうです。

기장에 따르면 비가 온다고 합니다.

このごろ　韓国は　日本より　寒いです。

요즘 한국은 일본보다 춥습니다.

日本より　あついです。

일본보다 덥습니다.

顔色が　わるいですね。

안색이 안 좋으시네요.

体の　具合が　よくないですか。

몸 상태가 좋지 않으십니까?

つめたい　お水でも　お持ちいたしましょうか。

차가운 물이라도 가져다 드릴까요?

あつい　お水でも　お持ちいたしましょうか。

뜨거운 물이라도 가져다 드릴까요?

お薬は　おのみましたか。

약은 드셨습니까?

お薬を　お持ちいたしましょうか。

약을 가져다 드릴까요?

ほかに　ご必要な　ものは　ございませんか。

다른 필요하신 것은 없으십니까?

ご用が　ございましたら　いつでも　お知らせください
ませ。

용무가 있으시면 언제든지 알려 주십시오.

------ 단어 ------

喫煙 (きつえん) 흡연

禁止 (きんし) 금지

使用中 (しようちゅう) 사용 중

男女 (だんじょ) 남녀

共用 (きょうよう) 공용

液体 (えきたい) 액체

搬入 (はんにゅう) 반입

予定 (よてい) 예정

調節 (ちょうせつ) 조절

もうふ 담요

曇り (くもり) 흐림

体の　具合 (からだの　ぐあい) 몸 상태

顔色 (かおいろ) 안색

薬 (くすり) 약

〜そうです。(~라고 합니다)

동사나 형용사 등의 종지형에 붙어 '~라고 합니다'라는 뜻을 나타낸다.

* い형용사의 경우

おもしろい　⇨　おもしろいそうです。(재미있다고 합니다.)

さむい　⇨　さむいそうです。(춥다고 합니다.)

* な형용사의 경우

有名だ　⇨　有名だそうです。(유명하다고 합니다.)

便利だ　⇨　便利だそうです。(편리하다고 합니다.)

* 동사의 경우

降る　⇨　雨が　降るそうです。(비가 온다고 합니다.)

来る　⇨　彼が　来るそうです。(그가 온다고 합니다.)

───(연습문제)───────────────────────

1. 화장실은 지금 사용 중이므로 잠시 기다려 주십시오.

2. 비행 시간은 두 시간입니다.

3. 모쪼록 즐거운 시간 보내십시오.

4. 약을 가져다 드릴까요?

5. 다른 필요하신 것은 없으십니까?

6. 용무가 있으시면 언제든지 알려 주십시오.

お降りの　際には　お忘れ物　ございません様　お確かめください。

내리실 때에는 잊으신 물건이 없는지 확인해 주십시오.

上の　たなを　開ける　場合は　中の　物が　落ちないように　ご注意ください。

위 선반을 여실 때에는 안에 있는 물건이 떨어지지 않게 주의해 주십시오.

また　お目にかかれますよう　お待ちいたしております。

다시 뵙게 되기를 기다리겠습니다.

お降りの　際には　足元に　ご注意ください。

내리실 때에는 발 밑을 주의하십시오.

ありがとうございました。

감사합니다.

まことに　ありがとうございました。

대단히 감사합니다.

ご利用くださいまして　ありがとうございました。

이용해 주셔서 감사합니다.

さようなら。

안녕히 가십시오.

단어

降りる (おりる) 내리다

確かめる (たしかめる) 확인하다

棚 (たな) 선반

場合 (ばあい) 경우, 때

足元 (あしもと) 발 밑

경의를 나타내는 동사

* いらっしゃる

行く(가다), 来る(오다), 居る(있다)의 존경어로 문장 내용에 따라 '가시다', '오시다', '계시다'의 뜻으로 해석된다.

* おっしゃる

言う(말하다)의 존경어로 '말씀하시다'로 해석된다.

(주의)

いらっしゃる나 おっしゃる가 '~ます'에 이어질 때는 '〜ります'가 아니고 '〜います'로 활용한다.

いらっしゃる　⇨　いらっしゃいます。 가십니다, 오십니다, 계십니다
おっしゃる　⇨　おっしゃいます。 말씀하십니다

1. 내리실 때에는 잊으신 물건이 없는지 확인해 주십시오.

2. 위 선반을 여실 때에는 안에 있는 물건이 떨어지지 않게 주의해 주십시오.

3. 다시 뵙게 되기를 기다리겠습니다.

4. 대단히 감사합니다.

5. 이용해 주셔서 감사합니다.

6. 안녕히 가십시오.

Chapter 5 기내 방송문

皆様、おはようございます。(　　)行き　(　　)便をごりよう

いただきましてありがとうございます。この飛行機の機長は

(　　)、(　　)空港までの飛行時間は(　　)時間(　　)分を予定し

ております。

離陸に備え、皆様の安全のため、客室の確認をいたします。

シートベルトはしっかりお締めください。

この便は、全席禁煙です。通信用の電波を発生する携帯電話

などの電子機器類のご利用は禁止されております。機内では

電源をお切りください。

その他の電子機器類は、離陸してベルト着用サインが消えるま

で、ご使用をお控えください。

ご用がありましたら、遠慮なく乗務員にお知らせください。

손님 여러분, 안녕하십니까.

(   )까지 가는 (   )편을 이용해 주셔서 감사합니다.

이 비행기의 기장은 (   )이고 (   )공항까지의 비행 시간은 (   )시간 (   )분
으로 예정되어 있습니다.

이륙 전 객실을 점검하겠습니다.

좌석 벨트는 몸에 맞게 매 주시기 바랍니다.

이 비행기는 전 좌석 금연입니다.

통신용 전파를 발생하는 휴대 전화 등의 전자 기기의 사용은 금지
되어 있습니다.

기내에서는 전원을 꺼 주시기 바랍니다.

그 외의 전자기기는 이륙하여 좌석 벨트 사인이 꺼질 때까지 사용
을 삼가 주십시오.

도움이 필요하시면 언제든지 승무원에게 말씀해 주십시오.

단어

揃える (そろえる) 준비하다, 정돈하다

客室 (きゃくしつ) 객실

通信用 (つうしんよう) 통신용

電波 (でんぱ) 전파

發生 (はっせい) 발생

控える (ひかえる) 삼가다

遠慮 (えんりょ) 사양, 심감

皆様にご案内申し上げます。ただいま、この飛行機は

　1. 離陸の順序をまっており

　2. ご搭乗予定のお客様をお待ちしており

　3. 管制塔からの離陸許可をまっており

出發が遅れる見込みでございます。

　1. 恐れ入りますが、もうしばらくで出發いたします。

　2. 恐れ入りますが、あと（　）分ほどで出發の予定でござ

　　います。

どうぞご了承くださいませ。

손님 여러분께 안내말씀 드리겠습니다. 지금 이 비행기는

    1. 이륙 순서를 기다리고 있어

    2. 탑승 예정 손님을 기다리고 있어

    3. 관제탑의 이륙 허가를 기다리고 있어

출발이 늦어질 전망입니다.

    1. 죄송합니다만 잠시 후 출발하겠습니다.

    2. 죄송합니다만 앞으로 ( )분 후 출발할 예정입니다.

모쪼록 양해해 주시기 바랍니다.

단어

順序 (じゅんじょ) 순서

管制塔 (かんせいとう) 관제탑

許可 (きょか) 허가

見込み (みこみ) 전망

了承 (りょうしょう) 승낙함, 납득함

皆様、免税品の機内販売についてご案内申し上げます。

ご希望のお客様はお座席のポケットのカダログをご覧になり、

注文書をご記入の上、乗務員にお渡しください。着陸準備のた

め、到着（　）分前に免税品の販売を終了させていただきます。

손님 여러분, 면세품 기내 판매에 대해 안내말씀 드리겠습니다.
구입을 희망하시는 손님께서는 좌석 앞 주머니의 카탈로그를 보시고 주문서를 기입하신 후 승무원에게 건네 주시기 바랍니다.
착륙 준비를 위해 도착 ( ) 분 전 면세품 판매를 종료하겠습니다.

```
단어
```

希望 (きぼう) 희망

御覧になる (ごらんになる) 보시다

記入 (きにゅう) 기입

渡す (わたす) 건네주다

終了 (しゅうりょう) 종료

皆様、この飛行機は気流の関係で揺れております。

シートベルト着用サインが消えますまではお座席のベルトをお

締めくださいませ。

お子様づれのお客様はお子様のシートベルトもお確かめくだ

さい。

손님 여러분, 이 비행기는 기류 관계로 인해 흔들리고 있습니다. 좌석 벨트 착용 사인이 꺼질 때까지 좌석 벨트를 매 주십시오. 어린이를 동반하신 승객께서는 어린이의 좌석 벨트도 확인해 주십시오.

단어

気流 (きりゅう) 기류

関係 (かんけい) 관계

揺れる (ゆれる) 흔들리다

連れる (つれる) 동반하다

皆様に韓国入国に必要な書類についてご案内申し上げます。

入国カードはお一人様一枚ずつご記入ください。

また、携帯品が免税範囲を超える場合、及び別送品がある場合は税関申告書にご記入ください。更に韓国入国の際、果物及び植物類、肉類などをお持ちのお客様は税関申告書に必ずご申告くださいませ。詳しくは乗務員にお尋ねくださいませ。

손님 여러분께 한국 입국에 필요한 서류에 대해 안내말씀 드리겠습니다.

입국 카드는 한 분 당 한 장씩 기입해 주십시오.

또 휴대품이 면세 범위를 넘는 경우 및 별송품이 있는 경우는 세관 신고서에 기입해 주십시오. 또, 한국 입국 시 과일 및 식물류, 육류 등을 가지고 계신 손님께서는 세관 신고서에 꼭 신고하시기 바랍니다.

자세한 사항은 승무원에게 문의하시기 바랍니다.

단어

必要な (ひつような) 필요한

携帯品 (けいたいひん) 휴대품

範囲 (はんい) 범위

超える (こえる) 넘다

及び (および) 및

別送品 (べっそうひん) 별송품

果物 (くだもの) 과일

植物類 (しょくぶつるい) 식물류

肉類 (にくるい) 육류

必ず (かならず) 꼭, 반드시

詳しい (くわしい) 자세한

尋ねる (たずねる) 묻다 (聞く의 겸양어)

皆様、この飛行機は約（　）分後、（　）国際空港に到着いた
します。

お座席にお着きになりシートベルトをお締めください。

また、お座席の背とテーブルも元の位置にお戻しください。

すべての電子機器の電源をお切りくださいますようお願い申し
上げます。

손님 여러분, 이 비행기는 약 ( )분 후, ( ) 국제 공항에 도착합니다.

좌석에 앉으셔서 좌석 벨트를 매 주시기 바랍니다.

또한, 좌석 등받이와 테이블도 원래의 위치로 해 주십시오.

모든 전자 제품의 전원을 꺼 주시기를 부탁 드립니다.

단어

着く (つく) 닿다

戻す (もどす) 되돌리다

切る (きる) 끊다, 자르다

皆様、（　）国際空港に着陸いたしました。

ただいまの現地時刻は午前（午後）（　）時（　）分でござい

ます。

皆様の安全のため、飛行機が完全に止まり、シートベルト着

用サインが消えますまで、お座席にお座りのままお待ちくださ

い。また、機内での携帯電話のご使用はご遠慮くださいませ。

お降りの際にはお忘れ物のございませんよう、お確かめくださ

い。上の棚を開ける場合は中の物が滑り落ちる場合がござい

ますのでご注意ください。

乗務員一同、皆様にまたお目に掛かれますよう、お待ちいたし

ております。本日（　）航空をご利用いただきまことにありがと

うございました。さようなら。

손님 여러분, ( ) 국제 공항에 착륙하였습니다.

지금 현지 시각은 오전 (오후) ( )시 ( )분입니다.

손님 여러분의 안전을 위해 비행기가 완전히 멈추고 좌석 벨트 착용 사인이 꺼질 때까지 좌석에 앉으셔서 기다려 주시기 바랍니다. 또한 기내에서의 휴대 전화 사용은 삼가 주십시오. 내리실 때에는 잊으신 물건이 없는지 확인해 주시기 바랍니다. 위 선반을 여실 때에는 안에 있는 물건이 미끄러져 떨어지는 경우가 있으니 주의하시기 바랍니다.

승무원 일동은 여러분을 다시 뵙기를 기다리겠습니다. 오늘 ( ) 항공을 이용해 주셔서 대단히 감사합니다. 안녕히 가십시오.

단어

着陸 (ちゃくりく) 착륙
現地時刻 (げんちじこく) 현지 시각
完全に (かんぜんに) 완전히
止まる (とまる) 멈추다

滑る (すべる) 미끄러지다
落ちる (おちる) 떨어지다
誠に (まことに) 정말로, 대단히